AF194265

𝔄

AA

AAAAA

Bibliografische Information der
Deutschen Nationalbibliothek:
Die Deutsche Nationalbibliothek verzeichnet diese
Publikation in der Deutschen Nationalbibliografie;
detaillierte bibliografische Daten sind im Internet über
dnb.dnb.de abrufbar.

Herstellung und Verlag:
BoD – Books on Demand, Norderstedt

ISBN: 9783756869114

Awuide Zeit

Schreiner/Hirle

Fotos und Gedichte
Heimat in weiß/schwarz

A wuide Zeit

Da Herbst hat si obeg'senkt,
de wuide Zeit is gar,
an letzten Reg'n hod a mit'bracht
und an de Scheib'n druckt,
nur de Träna ham si no g'wehrt,
jetzt liegt er do, wo alle lieg'n,
wenn's Leb'n ausseziagt.
D'Äst san schwar g'worn,
wia Schlitt'n hängas obe
und wart'n auf'n Winta,
no is ois rostig,
und i fahr auf flache Kuf'n,
über laubverschmierte Bahnen.
S'Hoiz mit seine trockenen G'sichter,
dazwischen a Wespenleb'n,
rührt an Schlamm für eigene Mauern,
de warm san und an Platz hab'n,
für jene, de net an Rausch verfall'n.
D'dunkelste Stell', is do wos Liacht verfliagt,
Kerzen zunden, damit ma des Leb'n net übersiagt,
was da unten um sei Leb'n ringt,
der Rauch hat a G'sicht g'maln,
auf a Blattl Wand,
oans, wos oiwei siagt, a wenn's Liacht verklingt
und nur des Rote, in seinem roten Herzen glimmt,
im Altarraum, hob i tanzt,
mir war's so ganz nach dir,
hob nur di und mi g'spürt,
auf flache Kuf'n bin i g'fahrn,
über sonntagssaubre Flies'n,
gleit i dahi, weil's in mir singt
und i reich am Heiland meine Händ',
hoff', in sei'm Hoiz is no Leb'n,
und i stirb an Tod davo,
dahin, wo ois seine Finger beweg**t. ◆**

Partnachklamm

Kreuzweg

D' Orgel schnauft wiara oida Mo,
als stand er neben mir,
und seufzt sein letzten Winter o,
hofft, dass er no Herbst bleibt, a biserl no,
no is Zeit.
D'Treppen san scho morsch,
i trau mi gar net weida geh,
an meiner Jacken fanga si d'Spinnaweb'n,
es is wia durch Schleier geh'n,
d'Spinna mog i gar net seng,
doch i spür's überall.
De oide Sonn' foit no durch die Fensta,
hoit si am bunten Liacht,
des am Bod'n in bunte Scherben bricht.
I trau mi gar net weida geh,
du stehst neb'n an Altar und zünd'st a Kerz'n o,
du sagst nix, weil d'Flamm ois sagt,
ich lehn mi an dei Schuiter,
dei Kopf pocht von de Träna,
di zwischen de bunten Scherb'n an bunten Tod sterb'n,
draußen foit de Tür ins Schloss,
irgendwas bleibt no drin,
der Wind spuit si mit de Lind'nbam,
s'Laub is heut b'sonders laut,
wir sag'n nix, weil ois g'sagt is,
i trau mi gar net weida geh,
doch du nimmst mei Hand:
„sche das'd do bist" und wir genga zu dem Stoa,
der tiaf in d'Erd'n eipflanzt is,
als dada no weida wachs'n,
i trau mi gar net les'n,
i spür dei Hand, wias meine druckt,
die Alleen san so leer, seit dei Nama auf'm Stoa steht.

Da hint laft a Katz' und reibt si an de Bänk',
und sie schnurrt, als si um meine Fias an Achter schreibt,
i zünd' no a Kerz'n o und lass renga auf dei Erd'n,
damit d'Hoffnung weidawachst,
di da unten bei dia liegt,
no is Herbst, a biserl no is Zeit,
und wir genga durch die Alleen,
wo si der Schatt'n da Bam mit dem Unsern kreuzt,
i trau mi gar net weida geh,
doch du sagst: bleib net steh...bleib net ste

St. Andrä Etting/Polling

Boand'l

Zeit'n in an Scheitl g'legt,
an Rock zog'n über d'Knia,
zupft, bis nix mehr übrig bleibt,
zupft, bis nix mehr zwickt.

Samas net, wermas no,
ham a gnua, hama gnua,
dann hamas scho.

D'Stadt woant blaue Ring,
mir drahn uns bis du sagst des is a Tanz,
und mi drahts und i tanz mit dir a ohne Schuah.

D'Bam singa deine Weis'n,
jeder Stoa schaugt mi o,
boid san mir de Greis'n,
boid san mir beim Boandlmo.

Samas net, wermas no,
hama gnua, hama gnua,
dann hamas scho. ◆

Vestbichl Eschenlohe

Eisblümer'l

D'Nächt' san weiß worn,
da Mond hat endlich seine Spiegel,
d'Nebel tanz'n um de Bam,
jede Umarmung ziagt an Flaum.
Meine Spuren tiaf ins Weiß einedruckt,
Stempel für de Erinnerung,
da bin i gwes'n, da woit i hi,
meine Schuaspitz'n san mei Kompass,
de Strümpf san noß,
da Bod'n knirscht mit de Zähn,
beim Weidalauf'n stützt mi mei Ziel.
Mei Kinn hat si an Bart aus Eis zwirbelt,
an meine Ohr'n spuit si da Wind,
er singt ma a Liad vom Abschied,
doch er drückt mi hi zu dir.
Mir schneit's auf de Aug'n,
Schneeflockenwimpern-Wipp'n,
jeder Blick wia durch an enga Zaun,
nur de Berg deut'n no in'd Weit'n,
aussetrennt aus meiner Seel',
hinter mir a Wedaleicht'n,
a flackernde Latern.
In deiner Hütt'n brennt no Liacht,
i gfrei mi auf deine warma Händ'.
Mei G'sicht fuit si wiara Mask'n an,
mit am Lächeln nimmstas ma ab,
d'Scheib'n werd'n matt,
unsern Herzwarma Atem...
um de Eisblümer'l pflanz

Untergrainau

Herbstaug'n schaun

S'Laub wia d'Asch'n vom Sommer verstrat,
an Winter g'saat.
D'Bam san leer,
d'Ärml bis zur Wurzel g'schobn,
alle Blüt'n obegsunga,
was no drob'n sitzt,
schaukelt wiara dunkle Latern.
Leuchtende Schnäbel,
doch koa Funke mog zum Feuer werd'n.

D'Berg trag'n a schwarz, weißes Kleid'l,
ihr Buck'l, aufg'scheicht wia von a wuid'n Katz',
d'Schürz'n reicht bis ins Tal,
jede Nacht seh is mit de Sterna tanz'n,
weiße Pfot'n di uman Sichelmond springa,
als wär's a Würscht'l an'am unsichtbaren Seil.

D'Kufn san scho g'schliffen,
da Rost is obeg'wachst,
damit's a Gleit'n wird
und Koit'n a Lach'n entflammt.
In deine Arm, saugt si d'Wärm,
wia in an Schwamm,
i druck mi an dei Herz,
...werd'n beide Liebesklam**m.**

Obedramt

S'Heu riacht no frisch,
doch meine Saiten san scho verstimmt,
s'Jahr, legt si nieder,
zuadeckt mit de schönsten Farb'n,
g'lassn hots ma tiafe Narb'n.
Zwo Stoana zu de Sterna g'schmissen,
g'hofft sie bleib'n ob'n,
doch i hob's wieder obedramt,
d'Nächt leng ma an koid'n Mantel o,
damit i werd, wia da Schattenmo,
der oiwei unter meine Fiass in d'Sonna kriacht,
doch nia a Sonna wird.
In da Stub'n unter'm Herrgottswinkel,
san di Wünsch' zammag'ruckt,
wenn da erste Sturm, d'Bam zum Bod'n biagt,
d'Nester von de Astl fliag'n,
da Wind solang an de Häuser ziagt,
bis da ernst wird mit'm Gebet,
und de Glock'n von Geisterhand läut'n,
weil si koana ausse traut.
Es gibt koan sichern Ort,
ausser dem, wo de Liab ausseschaut
und wenn wir zwoa dann in de Himme schau'n,
und da Mond sei Liacht durch d'Woikn spuckt,
damit i deine Aug'n sig,..dann...
zwo Stoana in den Himme g'schmiss'n,
z'ruck sans kemma,
mit'm ersten Vermissen,
und aus de Stoana san Flamma worn,
und leucht'n wia de Sonn' für'n Schattenmo.

...nach Weilheim

nwendig

D'Orgel laust mei Seel',
i buck mi oba, s'Notenbladl schleicht si naus,
meine Knie ins warme Samt einedruckt,
als wär's der Gnad' sei Durchschlagpapier,
d'Kältn rüttelt an da Tür.
Da Adventskranz wackelt, als war i auf'm Schiff,
s'ewige Liacht...wahrscheinlich ist's hell...i siags net,
aber i spürs.
Du wartst draußen, d'Kirch is a koida Ort,
meine Lippen aufg'sprunga, deine Küss' brenna,
und jed's überflüssige Wort.
An da Decken, da heilige Michael und a Drach'n,
zwoa Feuer, und doch koa Wärm',
i geh naus zu dir, du nimmst mi in deine Arm,
s'ewige Liacht...i sig's in deine Aug'n.

Längenwang, Blick auf alte Pfarrkirche St. Martin

Rabenflug

D'Muata loant an da Küchentür,
schaut auf des zerbrochne G'schirr,
a Hand wiara Sturm, hat's obeg'fegt,
wir Kinda hab'ns spada zammakehrt.
Wir hab'n Raben singa hör'n,
auf eanan Flug von irgendwoher,
des Liad hama scho als Kinda pfiff'n,
jetzt spui mas auf unsere trock'ne Ripp'n.
Da Prinz loant an am gläser'n Sarg,
woant gläserne Träna auf vergangene Tag.
D'Prinzessin tanzt davo in ihrem teuersten Kleid,
wer's eifangt, kriagt ihr Königreich.
Da Richter loant an der Zellentür,
er hat z'lang mit de Sachen von de Andern g'spuit,
in de Tram hada weida g'seng
jetzt san d'Wänd z'eng für des oide G'fui.
Da Pfarrer loant an der Kirchentür,
d'Glock'n läut'n, doch koa Mensch kimmt mehr.
Manche song, es gibt koane Schlanga mehr.
Ohne Schlanga bleim de Kirchen leer.
Wir hab'n Raben singa hör'n,
auf eanan Flug von irgendwoher
des Liad hama scho als Kinda pfiff'n,
jetzt spui mas auf unsere trock'ne Ripp'n.

Heastas, wiea de Raben fliag'n,
merkstas, wieas schwarze Linien ziang,
spürstas, wiea d'Federn in da Luft vibrieren,
sigstas, wieas an dunklen Punkt markieren?
Mitten in da Nacht, hams uns aus de Betten zerrt,
schaut's, wia der Himme blüht, da Mensch is vorbei.
D'Vögel singa, z'lang ham de Liad'l g'schwiegn,
heastas, wiea de Raben fliag'n,
spürstas, wiea d'Federn in der Luft vibrier'n,
merkstas, wieas ihr Schwarz verlier'n?

Burgruine Werdenfels

ondg'flüster

In am Weiher tanzt da Mond,
a Boot ziagt si von da Mitt'n an de Ufer,
hinter unser'm Haus hams a Feuer g'legt,
koa Wasser hat des Feuer g'löscht.
Vor'm Traum hab i mit de Flügel g'schlagn,
hab mi, bei de Stoana g'lass'n,
oamoi an Himme spür'n,
vor de Aug'n, an Stern berühr'n,
oamoi da Erste sei,
der vor aller Aug'n auf de Wolk'n steigt.
(Hob di) vor'm Traum in mei Herz neig'legt,
im Traum hast mi zu dir g'winkt.
Schlanga ham si ins Stroh verkroch'n,
da Winter droht mit weiße Knoch'n.
D'Viecher rück'n näher zamm,
nur da Mensch baut si große Hütt'n,
wir ruck'n immer weida weg, von unsrer Mitt'n,
da Winter küsst mit blaue Lippen.
A rote Kerz'n gibt da Nacht a kloans Aug,
beim ersten Flügelschlag hab i d'Stoana singa hean,
von oben sig i nur weißen Staub,
von unten singa goldene Sternn.

Blick auf den Wank

An de G'witterbluama g'rüttelt

an Donner obeg'schüttelt,
de Blitz wia an Anker an de Bam fest'zarrt,
wenn wir über d'Felda laf'n,
hat da Himme sein Schirm aufg'spannt.

An da Grott'n wo'd Mutter Gottes de Stoa
und de Bitten heiligt,
hob i d'Schuha auszog'n,
hob i s'Herz aufg'wog'n,
ganz schwar is ma worn,
hob d'Haut von meine Finga zupft,
bis Bluat auf de Erd'n tropft,
leicht is ma worn
und Wolk'n san losg'ritten,
mit mei'm Leich'nwag'n,
hinter'm Berg sans verschwunden,
mit de Blitz und a tiaf'n Stimm'
und mir wars, als hätt' Mutter Gottes g'lächelt,
und si weida in den Fels neizog'n,
dort, wo si meine Sünd'n mit'm Leben plag'n
und wenn'd Wolkn, wia de Fisch am Himme
schwimma,
treibts es nauf, meine Sünd'n
und si kemma nimma.

Blick auf die Zugspitze

# Wir san de Himme

A Dorf g'saat mit deselben Körner,
wiara Stadt,
no sans Flügel,
de neamand g'stutzt,
neamand in an Käfig z'wunga hat.
Neb'l fliaßt in mi nei,
d'Sonn sinkt in mei Erd'n,
mir wird warm ums Herz.

Dei Arm wiagt so schwar,
find koan Schlaf in seiner Eck'n.
Am Fenster schwimmt de Nacht in unserm Neb'l,
koa Stern, koa Mond, wir san de Himme.

D'Glock'n reit'n mit'm Wind,
da Morg'n lieast aus seinem Buach,
d'schönste Stell' is jeden Tag,
wenna unsere Nama,
mit da Sonna triff**t.** ◆

Blick auf die Alpspitze

Weida tanzt

Seidenblaß is a obetaucht,
draußen war ma scho fria,
da Neb'l is übern Berg nozog'n,
Koit'n ziagt si über'd Knia.
Wir ham euch singa hörn,
wir ham euch tanz'n seng,
aus'm Woid ins Dorf neikroch'n,
an de morsch'n Tür'n klopft,
de Oid'n ham aufg'macht,
de Kinder san ans Feuer g'ruckt,
neamand wird si schneller drahn,
wenn de Stern von de Himme fall'n,
neamand wird si schneller drehn,
wenn d'Nacht mit de Stoandl schmeisst.
Nur de Madl ham weida tanzt,
mit Bluamakränz in de Haar,
nur de Madl ham weida tanzt,
mit am Rosenkranz in da Han.

freitanzt

I hob mi freitanzt,
an Moment lang an mei Herz dacht,
zu mir no a moi rüberg'wunken,
de oide Stadt is im Meer versunken,
Osterglocken.
Dir g'hört der erste Tanz,
du hast zuerst zu mir rüberg'lacht,
freitanzt, der erste Tanz g'hört dir,
freitanzt, der letzte Tanz g'hört mir.

Staffelsee

D'Sommer san oid worn,

sie schaut mi nimmer an,
zuadeckte Leb'n, tragens aus de Häuser,
d'Augn haben's mit Bluama g'schlossn.

A dunkler Mo,
schaut si unsere Finger o,
wer hat si an a Kett'n g'hoitn
und zum Himme blickt,
wer hot im Schmutz grab'n
und andere no fui tiafer g'schickt?
Wer hot aus de Tram a Kissen g'naht?
Wer hot aus de Tram an Garten g'saat?

D'Sommer san oid worn,
doch i heas no flüstern,
de Stürm' san lauter worn,
doch i hear d'Sonn no knistern.
D'Sommer reib'n si ihre koid'n Händ',
weils no Ausschau hoitn,
und die Schatten zoin,
bevor de große Nacht,
ihr eigene G'schicht verzoit.

Blick auf den Barmsee

Vor meine Aug'n

A Stoa,
der durch die Fenster bricht,
und si in die Herzen niedersenkt.
Wie schwar ma wird,
wenn's Wasser auf de Aug'n druckt.

Laterna wern zu Galgenmasten,
koa Liacht des mehr a Liacht vertragt,
Schatten schreiben si tiafer,
bis'd Straß'n nur no Gräb'n san.

Wiea'ra Liacht, des durch die Fenster bricht
und Schatten in die Eck'n drängt,
sog es is vorbei, meine Aug'n lieg'n so nah am Herzen
und s'Herz so nah am sterb'n.

D'Vogal singa, kimm, schaugn ma naus,
d'Berg san weg und Gräb'n wieder Straß'n.
A Himme, der si wieder an mei Fenster traut,
a Liacht, des durch de Scheib'n schaut,
und s'Wasser von meine Aug'n saugt.

Loisach

**teckerlfisch**

Nei in Kopf
und nei in d'Erdn,
nei, wo d'Schatt'n länger werd'n.

„Wennst was woast, dann sogs!", hams g'sagt.
I woas nix!
Aus'm Wasser g'holt und weida bohrt,
bis auf'n Grund, wo d'Stoana wiad Vögel fliag'n.
Steckerl g'holt und a Feuer g'macht.

„Sags, sags endlich! Sonst bratzt am Kreuz!"

S'Mei aufg'macht, mit'm Finga deut',
dann hams mi in Ketten g'legt und an Finger zwickt.

„Schweig, bevor'sd no mehr anrichst!"

S'Maul aufgmacht und an Stecken g'schluckt,
an Bod'n verlorn, doch an Blick in Himme g'rich**t.** ◆

 kloans G'fui

A bisl Hitz'n is no,
da Reg'n woant si boid weiß,
des Buidl, wos do am krumma Nagl hängt,
zoagt an Berg, der oiwei höha is, als des kloane G'fui,
des oiwei mit mir ziagt.
Zwischen d'Seiten hot si's drängt,
von all' meine Bücha,
oiwei wuis an warma Plotz,
oiwei wenn i vorm Meer steh,
is a des kloane G'fui wach,
und starrt mit mir auf de leicht'n Well'n,
und dann wern's schwar und druck'n mi hoam.
Wenn am Sonntag d'Mess' ins G'wissen plärrt,
schau i naus durch de bunten Fensta,
und des kloane G'fui raubt ma mein Berg.
Und wenn i dann nachschau ob a no steht,
wird's G'fui wida kloa,
und i sig an Sand über's Dorf wehen,
schaug, de Fensta san ganz gelb,
a Blütenstaub von ganz fern,
und plötzlich wachst si des G'fui aus
und des Lächeln des si nach oben schiabt,
hot deselbe Größ wia da Berg auf dem i steh.
Koffer packt und a Buidl in da Tasch'n,
s'hängt jetzt an a andern Wand,
und s'Buidl wackelt wenn si nebenan,
a Derwisch aus da Zeit draht.
Mei Stirn is warm,
koa Fiaba,
da warme Wind, der nauf vom Herzen wah t.

Hoiz

Oans für Draussen,
oans für Drinna,
oans hinter d'Zunga,
oans zum Singa,
oans für Gestern,
oans für Immer,
oans für d'Tür,
oans für's Zimmer,
Geh weida, es wird scho boid Morg'n.

Oans zum Trama,
oans zum Schlaf'n,
oans zum Woana,
oans zum Lach'n,
oans zum Bleib'n,
oans zum Renna,
oans für's Wasser,
oans zum Brenna,
Geh weida, es wird scho boid Morg'n.

Oans zum Schicht'n
oans zum Wärma,
oans für d'Gschicht'n,
oans zum Lerna,
oans zum Hoff'n,
oans für d'Sorg'n,
Geh weida, es wird scho boid Morg'n.
Geh weida, es is schwar zum Trag'n.

Holzlager zwischen Ehrwald und Griessen

D'Weis'n

ham an Berg verschob'n,
d'Sonn hams in d'andre Richtung draht,
an Nebel hams mit de Hex'n an de Fias aufg'hängt,
d'Schwerter hams mit de Glock'n im See versenkt.
Heast as loit'n?
Hast as reit'n g'seng?
I war a Fackelträger,
hab de Liachter weitertrag'n,
hinter mir war nix zum Seng,
vor mia is bloß mei Atem wia a Engallock'n,
in de Himme g'stieg'n.

Burgruine Werdenfels

fernwärm'

D'Nächt san dunkler worn,
da Mensch hot sei Liacht verlor'n.

D'Nächt san koiter worn,
da Mensch hat sei Wärm verlor'n.

D'Nächt san länger worn,
da Mensch hat dei Näh' verlor'n.

Sei Sehna hot si z'weit über'n Abgrund g'neigt.

Si hänga no an weiche Lipp'n dro,
doch d'Engl san scho weida zog**n.**

Blick auf die Pfarrkirche St. Johannes, Obergrainau

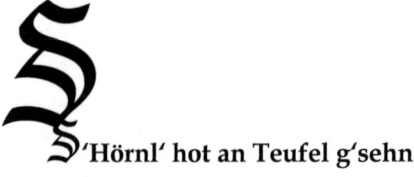

S'Hörnl' hot an Teufel g'sehn

Spat is worn,
neamand hot si traut,
sei G'sicht...
war heid net,
war morg'n.

Spat is worn,
d'Milch is sauer worn,
s'Heu is noss worn,
war's heid net,
war's morg'n.

Steil is worn,
s'Wasser von de Flüss' hat si verzog'n,
d'Angst hat si tiaf im Woid einegrab'n,
soitn is g'lacht worn,
s'Hörnl' hot an Teufel g'sehn.

D'Ratz hat'n Schwanz verlor'n,
war's heit net,
dann is morg'n,
doch d'Leut hams fürcht'n g'lernt.

Blick auf's Hörnle, Grafenaschauer Seite

Sonnennah

Oiwei zu dir rüberg'schaut,
g'hofft, dass a Lächeln übrig bleibt,
heimlich Briafal für di g'schrieb'n,
doch nia zu dir weida g'reicht.

D'Sonna hat mit deine Aug'n tanzt,
im Traum war i dir Sonnennah.

Oiwei zu dir rüberg'schaut,
g'hofft, dass wir uns wieder seng,
hoit des Buidl in meiner Hand,
Seekrank, an, Land.

Wieder zu dir aufeg'schaut,
g'hofft, dass'd a moi obewinkst,
hob da Blämal bracht,
die du so gern magst.

Blick vom gelben Gwänd ins Tal

D'Larven

Ausg'raucht ham ses,
d'Stubn san leer,
s'G'schrei is nimma laut,
d'Trommeln längst verstummt,
Kerz'n langsam obebrennt,
nur 2 Kinderaug'n schaun no zua,
d'wilde Jagd is scho lang vorbei,
koana kimmt mehr hoam,
d'Stubn san leer,
doch des Schiache biagt de Bretter,
da G'sang fahrt in jede Ritz'n,
s'ganze Jahr,
de Oidn san miad worn,
neamand treibt's ausse,
denn so wias Drinn is, so is Draussen,
da koide Wind, schiabt si zwischen d'Tür,
Kind schlaf, da Winter kimmt net zu dir,
d'Nacht, singt Kerz'n aus,
da Woid sent seine Geister aus,
spürst as net?
Weit weg, sans no net,
san erst de Betten leer,
dann wird wieder bet!

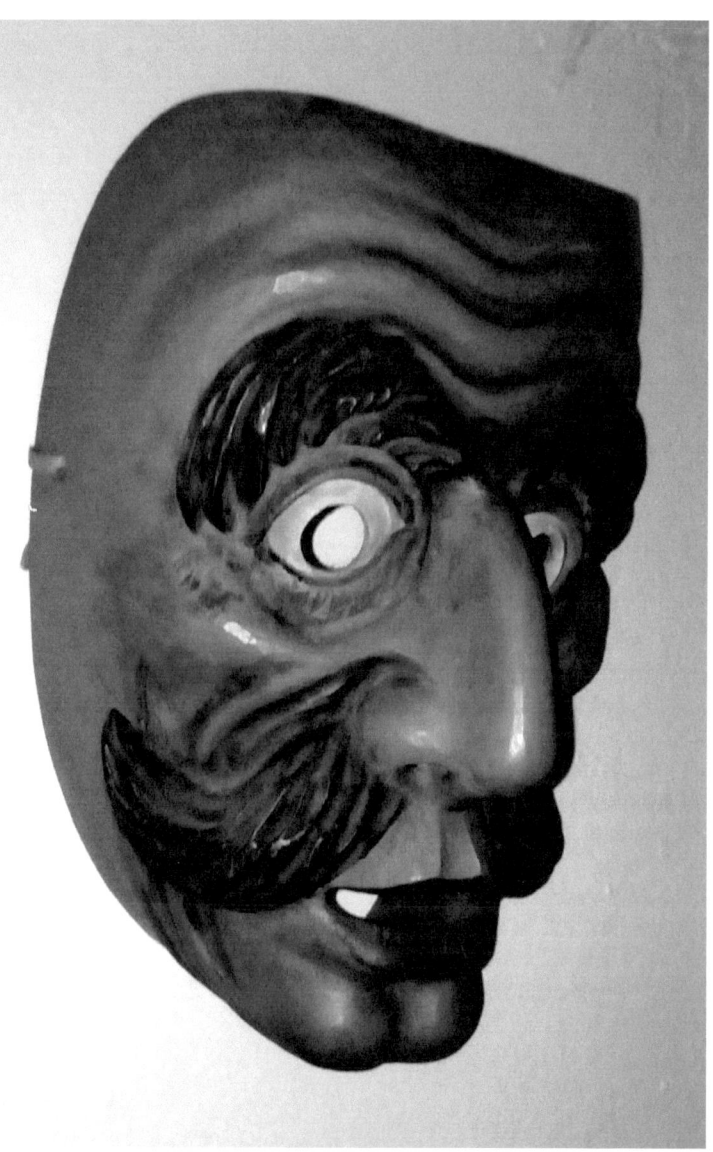

**erbstkatzer'l,**

D'Berg san höher worn,
hob an Neumond obezupft,
da Herbst lasst nur ungern los,
schiabt ma sei Laub unter d'Fiaß
und pfeift sei Liad.

D'Kia hams obetrieb'n,
Menschen san aufeg'estieg'n,
koa G'läut, nur G'schroa.

Winter wo bleibst?
Druck de Woik'n nieda,
an Frühling in sei Nester'l.

I heas kratz'n und wimmern,
wia a kloane Katz in am lauten Karton,
d'Vögl heans net singa,
an Frühling verschlafen's,
an Sommer verspuin's,
an Herbst sans ins Schachter'l kroch'n,
weils an Winter fürcht'n.

Nia ausm Schachter'l g'schaut,
nia in de Weit'n traut.

D'Berg, san höher wor **n.**

Geisterstund'

Von de Herz'n hama g'redt,
wievui hama davon g'lebt?

Oiwei hama g'runga,
soitn uns aufg'schwunga,
oiwei hama g'redt,
wir genga weg!

Von da Weit'n hama tramt,
doch vom trama, z'vui versamt.

Oiwei hama g'runga,
soitn hama g'sunga,
oiwei hama g'redt,
jetzt, sama weg.

Schleifmühlklamm, Unterammergau

 **stade Zeit**

Schnee streicheln,
Berg hod'n zu uns obeg'waht,
über'd Nacht,
wenn d'Tram auf d'Einsamkeit verzichten,
hod da Tropfen s'Schleichen g'lernt.
S'Hoiz trogt weiße Haub'n,
s'Foid liast vom weißen Blattl,
a Gedicht was si auf Frühling reimt.
No is stad, i leg mi wida zu dir,
zua an Feuer, des in da Fern' verglimmt,
wenn's net mit da Sehnsucht ziagt.
Meine Schua stenga in zwoa feichte Aug'n,
de no immer ins Gestern starrn,
i dreh mi zu dir um und fang dein Atem,
immer, wenn i von Meinem lass.
Draußen san no Neb'l,
de Soibn, wia gestern Nacht,
doch s'Liacht is anders,
es fuit si an, wia dahoa

Nepomuk-Kapelle,
Grainau

A wuide Zeit	Eine wilde Zeit
Kreuzweg	Kreuzweg
Boandl	Knochen
Eisblümer'l	Eisblumen
Herbstaug'n schaun	Herbstaugen schauen
Obedramt	Hinabgeträumt
Inwendig	Innenseitig
Rabenflug	Rabenflug
Mondg'flüster	Mondgeflüster
An de G'witterbluama g'rüttelt	An den Gewitterblumen gerüttelt
Mir san de Himme	Wir sind die Himmel
Weida tanzt	Weiter getanzt
Freitanzt	Freigetanzt
Sommer san oid worn	Sommer sind alt geworden
Vor meine Aug'n	Vor meinen Augen
Steckerlfisch	Stockfisch
A kloans G'fui	Ein wages Gefühl
Hoiz	Holz
D'Weis'n	Die Weisen
Fernwärm'	Fernwärme
S'Hörnl' hat an Teufel g'sehn	Das Hörnle hat den Teufel gesehen
Sonnennah	Sonnennah
D'Larven	Die Larven/Masken
Herbstkatzerl	Herbstkatzen
Geisterstund'	Geisterstunde
A stade Zeit	Adventszeit

Danke... Tina:

...meinem leider viel zu früh verstorbenen Papa Lothar, der ein sehr begabeter Künstler war und mich schon als Kind für die Fotografie begeistern konnte und von dem ich noch viel hätte lernen können.

Meine Mama Maria, von der ich lernen konnte, das Leben auch einmal aus einem anderen Blickwinkel zu sehen, im Alltag und im künstlerischen Sinne. Du bist für mich da und bestärkst mich, immer neues zu probieren um mich somit weiterzuentwickeln.

Meinem Mann Günther, für dein Verständnis wieviel Zeit man für künstlerische Dinge benötigt und danke auch für deinen Zuspruch.

Meinem Sohn Lucas, für deine Lebensfreude die du auf mich überträgst und deine bedingungslose, große Liebe zu mir.

In fast alphabetischer Reihenfolge (Michael):

A...., Mama Erika, Fatima, Papa Hans, Julia, Kai Irina, Schwesterherz Kerstin, meinem Sohn Konstantin, Martin (für's Korrekturlesen insbesondere!), Melanie, Naida, Natalie, der an Wundern übervollen Natur, Peter-Michael, Sabs, Stefan, Steffi, Tina für dieses wundervolle Projekt, Verena (für deine Liebe, für deinen Zuspruch) und zu aller Erst und zu guter Letzt: .☉..